NOTE

SUR

LA LOI PRUSSIENNE

RELATIVE A LA PROTECTION DES SOURCES MINÉRALES

TOURS. — IMPRIMERIE DESLIS FRÈRES.

NOTE

SUR LA

LOI PRUSSIENNE

Du 14 mai 1908

RELATIVE A LA PROTECTION DES SOURCES MINÉRALES

PAR

M. L. AGUILLON,
Inspecteur général des Mines.

(Extrait des ANNALES DES MINES, livraison de Mai 1908.)

PARIS
H. DUNOD ET E. PINAT, ÉDITEURS
49, Quai des Grands-Augustins, 49

1908

NOTE

SUR

LA LOI PRUSSIENNE

Du 14 mai 1908

RELATIVE A LA PROTECTION DES SOURCES MINÉRALES

Jusqu'à la loi prussienne du 14 mai 1908 on ne relevait dans les législations des divers États allemands que quelques rares dispositions, un peu spéciales et sommaires, sur la protection des eaux minérales. C'étaient les suivantes :

La loi des mines du grand-duché de Bade du 22 juin 1890 (§ 6) ne permet qu'avec l'autorisation administrative les recherches, fouilles et travaux souterrains au voisinage des sources minérales et thermales, et autorise l'Administration à interdire ou soumettre aux conditions appropriées ceux de ces travaux qui peuvent être dangereux pour les sources.

Une loi du 23 novembre 1895 du duché de Cobourg sur l'exploitation des gîtes de sel attribue à l'État, avec ces gîtes, les sources gazeuses (à acide carbonique) et les sources salées.

C'est la même solution qu'adoptent des lois du 7 juillet 1896 du duché de Gotha et du 13 mars 1897 du duché de Saxe-Meiningen pour les dégagements de gaz(*) et les sources minérales.

(*) L'utilisation des dégagements de gaz carbonique donne lieu, en Allemagne, à une industrie assez importante.

Une loi du grand-duché de Hesse du 15 juillet 1896 retire au propriétaire du sol le droit aux sources minérales et les assimile en principe aux mines régies par la loi du 28 janvier 1876 (*). Dans le périmètre qui leur est assigné, aucun travail souterrain ne peut être exécuté, au delà d'une profondeur fixée dans chaque cas, qu'avec l'autorisation de l'Administration. Pour empêcher des travaux de moindre profondeur qui pourraient être nuisibles, l'exploitant de la source doit procéder par expropriation des terrains.

La loi du grand-duché de Saxe du 1er avril 1897, qui paraît viser les sources industrielles (**) plus que les sources médicinales, pose le principe qu'elles ne peuvent être exploitées qu'avec une permission de l'Administration ; qu'il leur est attribué, s'il y a lieu, un périmètre de protection à l'intérieur duquel ne peut être effectuée, sans l'autorisation de l'Administration, une fouille de plus de 10 mètres de profondeur, la recherche et l'exploitation de ces sources étant en principe assimilées à celles d'une mine d'après les lois des 22 juin 1857 et 23 février 1881 (***).

Enfin, la loi de Waldeck et Pyrmont du 21 juillet 1906 ne statue que pour les sources gazeuses de Wildungen en instituant des périmètres fixés par la loi à l'intérieur desquels aucun sondage ou travail souterrain ne peut être entrepris sans une autorisation de l'Administration ; l'Administration pouvant arrêter et combler, s'ils sont reconnus dangereux pour les sources, des travaux régulièrement entrepris, et ce aux frais de l'exploitant de la

(*) Cette loi est du type de la loi prussienne du 24 juin 1865. Elle vient d'être modifiée par une loi du 28 mars 1908 qui, en permettant à l'État de mettre des conditions à l'institution de la mine, atténue singulièrement le principe de la *Bergbaufreiheit*.

(**) Les sources industrielles sont, en dehors des eaux à acide carbonique, ou des dégagements d'acide carbonique, les eaux vitrioliques.

(**) Cette loi se rattache au type saxon.

source qui doit rembourser les dépenses rendues inutiles et celles nécessaires au rétablissement des lieux en état.

En Prusse, aucune disposition légale n'avait été édictée sur ce sujet. En dehors des mesures individuelles qui pouvaient être et ont été prises pour protéger certaines sources minérales contre les travaux de mines, par application de la loi sur les mines du 24 juin 1865, comme en matière de police des mines, il n'existait que quelques dispositions de police locale, dont la plus importante à tous égards était l'ordonnance du duché de Nassau du 7 juillet 1860 (*), antérieure par conséquent à l'annexion à la Prusse, disposition dont la jurisprudence administrative a reconnu la légalité. Les sources minérales ne laissaient pourtant pas d'avoir de l'importance en Prusse : on évaluait ce nombre, en 1902, à 147, en dehors des 47 (**) existant dans le district de Nassau.

La lacune que présentait ainsi la législation prussienne a été comblée par la loi du 14 mai 1908. Cette loi s'est visiblement inspirée de notre loi française du 14 juillet 1856 dont elle suit les principes essentiels et adopte les dispositions caractéristiques. Toutefois la loi prussienne a apporté à notre loi, en dehors des modifications de forme forcées par les différences d'organisation des deux pays, des changements parfois assez importants dont plusieurs ne laissent pas d'être intéressants. Nous voudrions ici faire plus spécialement ressortir ces différences (***), en ren-

(*) L'ordonnance de Nassau du 7 juillet 1860 s'était bornée à décider que dans le « voisinage » — sans autre spécification — de source existante aucun travail souterrain ou à ciel ouvert ne pourrait être entrepris sans l'autorisation de l'Administration qui devait la refuser, à moins qu'il ne fût établi que le travail projeté ne pouvait avoir aucune action sur la source.

(**) On ne dit pas si cette énumération était faite par source ou par groupe de source dans un même établissement.

(***) Nous avons utilisé pour la rédaction de cette notice l'article publié par M. le *Wirk. Geh. Ober-Bergrat Eskens* dans la *Zeitschrift für Bergrecht*, 1908, p. 358.

voyant pour les détails mêmes de la loi à la traduction que, à raison de l'intérêt du sujet, nous avons cru devoir donner à la suite de cette notice, traduction complète et aussi fidèle que possible, malgré les détails de forme et de procédure, à coup sûr sans intérêt, dont le texte est surchargé avec une abondance parfois trop considérable.

La loi ne s'applique pas à toutes les sources minérales, mais uniquement à celles qui peuvent être sérieusement utilisées pour leurs vertus curatives, en laissant systématiquement en dehors les eaux de table ou gazeuses ainsi que les eaux vitrioliques qui sont les unes ou les autres l'objet d'une exploitation industrielle assez active. On a été amené à penser que la protection de ces dernières ne mettait en jeu que des intérêts privés, alors que la conservation des premières touche seule à l'intérêt public. Les eaux de table ou gazeuses notamment continueront donc à ne relever que du droit commun. La distinction entre ces catégories n'est peut-être pas aussi difficile qu'on a voulu le dire en tenant compte de leur mode d'administration en boissons ou bains.

Les sources médicinales, comme on peut donc appeler celles que vise la loi, peuvent être déclarées d'intérêt public par décision commune des trois Ministres dont les départements peuvent être intéressés sans que la loi, si riche généralement de pareils détails, ait indiqué la procédure à suivre à cet effet (*); cette déclaration peut être révoquée de même. Ce ne sont que les sources ainsi déclarées d'intérêt public — et ne doivent être classées de la sorte que celles dont la conservation importe à la santé publique par de puissants motifs (§ 1) — dont s'occupe la loi. Pour cette déclaration d'intérêt public, il n'est pas nécessaire que le propriétaire de la source en fasse la de-

(*) Cette procédure sera vraisemblablement indiquée dans les règlements à rendre par les Ministres compétents pour l'exécution de la loi.

mande; c'est d'office que semble, en principe, devoir procéder l'Administration. Il y a plus : cette déclaration peut être faite contre la volonté dudit propriétaire. Il résulte, en effet, du paragraphe 29, alinéa 2, que lorsqu'une source a été déclarée d'intérêt public, l'Administration peut mettre en demeure son propriétaire d'avoir à demander, dans un délai déterminé, un périmètre de protection, et un périmètre jugé par elle suffisant, à peine par lui, s'il ne se conforme pas dans les délais à cette injonction, de se voir exproprié en conformité de ce paragraphe 29 ; et cela pour permettre d'arriver à la protection efficace de la source, qui, comme nous allons le dire, ne peut être réalisée que si la source a eu ou tout au moins est en instance pour avoir un périmètre de protection, et ce périmètre ne peut être institué que s'il y a une demande expresse du propriétaire.

Si la source reste simplement d'intérêt public, elle n'a pas en principe la protection que lui assure notre loi à ce seul titre. En réalité, il y a là, avec notre législation, une différence de forme plus que de fond. Il résulte, en effet, du paragraphe 10, qu'il suffit qu'il ait été présenté une demande en périmètre de protection pour que l'on puisse provisoirement traiter les terrains compris dans ce périmètre, pour la protection de la source, comme si le périmètre avait été accordé ; et si un périmètre ne peut être attribué que sur demande du propriétaire de la source, nous venons de dire que, d'après le paragraphe 29, l'Administration peut toujours vaincre à cet égard l'indolence ou l'inertie d'un propriétaire.

A l'intérieur du périmètre de protection, accordé ou simplement demandé comme nous venons de le dire, les travaux des tiers, qui ne peuvent être effectués qu'avec l'autorisation de l'Administration, sont beaucoup plus étendus que « les sondages et travaux souterrains », seuls visés par notre loi de 1856. En principe, d'après le paragraphe 3 de la loi prussienne, ce sont tous travaux qui soit portent directement sur le sol *gewachsen*, c'est-à-dire « géologique, » ou mieux « en place », comme nous allons l'expliquer, soit peuvent avoir de l'influence sur la source. Le sol ou mieux le tréfonds *gewachsen* que l'on ne peut attaquer est défini par l'*Exposé des motifs*, d'une façon qui n'est peut-être ni très logique ni très claire, sinon directement, en effet, mais indirectement, en expliquant ce qu'il ne comprend pas. Il ne comprend pas, dit l'*Exposé des motifs*, la partie de la croûte terrestre qui a été remaniée, soit par des actions naturelles, telles que inondations, éboulements, amoncellements de dunes, etc., soit par la main de l'homme, comme par le labourage, le gazonnement, la mise en tas, etc. Dans la seconde catégorie des travaux qui peuvent influencer la source sans attaquer le sol *gewachsen*, on indique notamment ceux qui pourraient influencer la source par une modification des conditions hydrostatiques.

Si cette énumération, du reste logique et rationnelle, est singulièrement plus longue que la nôtre, l'application en est plus pratique et plus simple. Dans chaque cas, l'Administration doit indiquer, dans le titre d'attribution du périmètre, par voie de réglementation locale, les travaux qui pourront être effectués sans autorisation ou sur simple déclaration, et elle peut, à toute époque, revenir sur cette réglementation.

Pour tout ce qui touche à la fixation du périmètre de protection, à l'énumération des différentes catégories de travaux, il est statué par l'Administration locale. Cette Administration est formée dans l'espèce par l'*Oberbergamt* (autorité minière supérieure) et le Président de Gouvernement, qui doivent toujours statuer simultanément. On a voulu associer ainsi deux hautes autorités, de compétence spéciale, l'une technique et l'autre administrative. C'est une large décentralisation donnant au système une grande souplesse, ce que permet la forte composition de ces deux autorités. L'Administration centrale n'intervient éventuellement que par la voie du recours.

Le système est d'autant plus simple que ces administrations peuvent, à toute époque, soit à la demande des intéressés, soit parfois d'office, réduire et même supprimer le périmètre ou l'étendre, modifier la catégorie des travaux qui ont besoin ou non de l'autorisation ou de la simple déclaration.

Ce n'est pas tout : l'Administration peut, d'après le paragraphe 18, intervenir après coup sur des travaux régulièrement entrepris, s'ils peuvent menacer la source ; que ces travaux soient ou ne soient pas commencés, qu'ils soient en cours ou même complètement finis, l'Administration peut, soit les faire supprimer, soit autoriser leur continuation ou leur maintien sous telles conditions qu'elle fixe. Il reste cependant une exception à l'étendue de ces pouvoirs, qu'indique le paragraphe 18, dernier alinéa, pour les travaux qui seraient complètement terminés avant la demande d'attribution du périmètre. Le cas est analogue à celui de notre loi. Comme en France, le propriétaire de la source ne pourrait éventuellement agir que par la voie de l'occupation *a posteriori* des terrains dont nous parlerons ultérieurement.

Dans les cas du paragraphe 18 qui viennent d'être indiqués, s'il y a nécessité, une des deux autorités, qui, en principe, doivent toujours statuer simultanément, peut intervenir seule, sauf à faire ratifier la mesure par l'autre dans le délai d'un mois.

Si les sujétions des propriétaires des terrains situés dans le périmètre peuvent être, au demeurant, plus strictes que dans notre législation, par contre, l'indemnité qui peut leur revenir, à raison de ces sujétions, est plus logique et plus large, comme il résulte des paragraphes 19 et suivants. Le système d'indemnisation a bien été emprunté à notre loi; c'est celui du préjudice effectivement et actuellement subi sans qu'on doive tenir compte du gain dont on est privé. Mais le préjudice subi s'entend plus largement. L'indemnité est due notamment pour le seul refus de l'autorisation avant tout travail, suivant une solution qu'il ne semble pas qu'on ait jamais essayé de donner à notre loi de 1856.

L'indemnité ne peut être refusée que dans trois cas :

1° Si la demande d'autorisation n'est faite que pour avoir une indemnité ;

2° Si le travail projeté a pour objet de trouver une source analogue à celle qui est protégée et que la découverte doive menacer celle-ci ; cette double condition est à remarquer ; la loi a pour objet la conservation matérielle d'une source et point la conservation ou la protection de son monopole commercial ;

3° Si le travail eût été interdit sous le bénéfice d'une ordonnance de police antérieure, telle que celle de Nassau, du 7 juillet 1860, dont il a été question ci-dessus.

L'indemnité doit être égale à la moins-value dans la valeur du fonds ou de la parcelle ainsi atteinte, qui résulte de l'interdiction ou de la sujétion. Elle doit être en principe payée en rente au taux de 5 p. 100, dont 4 p. 100 pour l'intérêt et 1 p. 100 pour amortissement, ce qui assure l'amortissement et la libération complète en quarante et un ans et treize jours. A toute époque, le propriétaire de la source peut se libérer en capital en versant le solde restant dû, intérêts et amortissement, d'après le tableau d'amortissement annexé à cet effet à la loi. Il doit payer en capital, soit si la diminution de la valeur est de 1/3 au moins, soit si elle est au-dessous de 300 marks, soit si, pour se conformer aux injonctions administratives, le propriétaire du sol a des dépenses à faire, notamment pour modification des dispositions ou rétablissement de lieux en état.

Tant que l'indemnité n'a pas été entièrement payée, le propriétaire de la source peut faire réduire, dans la proportion appropriée, les arrérages de la rente, lorsque, par suite de changement dans la sujétion imposée au propriétaire du sol, l'indemnité qui lui revient devrait être diminuée.

Passons à l'action de l'Administration sur le propriétaire de la source.

Il ne peut faire de travaux sur la source qu'avec l'autorisation de l'Administration (§ 28).

Au lieu de l'action par voie d'expropriation de l'article 12 de notre loi de 1856, édictée en termes tels qu'elle paraît sans portée pratique, le paragraphe 29 de la loi prussienne permet à l'Administration d'agir soit en cas de danger pour l'état ou la minéralisation de la source, soit si le mode de conservation et d'utilisation ne répond pas aux besoins de la santé publique. L'Administration peut mettre le propriétaire en demeure d'avoir à y remédier dans un délai déterminé. Faute de quoi il est atteint d'une véritable déchéance en faveur de l'entrepreneur que l'Administration juge présenter les garanties nécessaires et qui est mis en possession par la voie de l'expropriation, comme en matière d'expropriation pour cause d'utilité publique.

On pourrait être étonné de ne pas voir de disposition équivalente à celle de l'article 8 de notre loi de 1856 pour permettre au propriétaire de la source d'effectuer sur les terrains d'autrui les travaux nécessaires à la conservation de la source. Le paragraphe 18 de la loi prussienne, permettant nettement d'intervenir pour la défense de la source contre des travaux complètement terminés, rend une pareille disposition relativement moins nécessaire. Son opportunité n'en subsiste pas moins en principe : si elle ne figure pas explicitement dans la loi, c'est que, comme on l'a fait observer dans la discussion, le propriétaire de la source, dans le système du droit prussien, tire implicitement cette faculté de la déclaration d'intérêt public qui lui donne le droit de recourir, pour ses travaux, à l'occupation des terrains des tiers par la voie de l'expropriation, comme en matière de travaux publics.

J'ai passé sur tout ce qui concerne la procédure, les recours, la définition juridique des droits de chacun, toutes choses qui sont réglées avec cette précision et cette abondance des détails qui sont un des caractères de toute loi allemande.

Il me reste à signaler l'article 32 qui remédie à la confusion se produisant notamment dans notre législation, en stipulant que les travaux des mines ne sont pas sujets à la loi sur les sources, mais exclusivement à la loi des mines qui permet, comme la nôtre, à l'Administration des mines, agissant comme en matière de police des mines, de prendre toutes les mesures utiles pour la protection des sources.

LOI DU 14 MAI 1908 SUR LA PROTECTION DES SOURCES.

(TRADUCTION.)

Sources d'intérêt public.

§ 1. — Les sources minérales ou thermales, naturelles ou artificielles, dont il paraît nécessaire d'assurer la conservation des propriétés curatives pour de puissants motifs de bien-être public (sources d'intérêt public) sont protégées par les dispositions de la présente loi.

§ 2. — La déclaration d'intérêt public est prononcée, sur la demande des intéressés, ou d'office s'il y a lieu, par une décision des Ministres du Commerce et de l'Industrie, de l'Intérieur, de l'Agriculture, des Domaines et Forêts et des Affaires médicales.

Elle peut être retirée par une décision commune desdits Ministres.

PÉRIMÈTRE DE PROTECTION.

§ 3. — A une source d'intérêt public il peut être attribué un périmètre à l'intérieur duquel les sondages, fouilles et tous autres travaux qui portent sur le sol en place (*), ainsi que tous travaux qui peuvent avoir de l'influence sur la richesse ou la composition de la source, ne peuvent être entrepris qu'avec l'autorisation préalable de l'*Oberbergamt* (autorité supérieure des mines) et du Président du Gouvernement (*Regierungs President*) (Périmètre de protection).

§ 4. — La fixation du périmètre est faite, sur demande du propriétaire de la source, par une décision commune de l'*Oberbergamt* et du Président du Gouvernement.

Dans cette décision doivent, autant que possible, être indiqués les travaux qui n'ont pas besoin d'être autorisés. Une déclaration peut être exigée pour certains travaux.

Un périmètre convenu peut être attribué, s'il y a lieu, à des sources voisines.

§ 5. — Avec sa demande en fixation de périmètre, le propriétaire de la source doit fournir un plan indiquant la position de la source à protéger et les limites du périmètre sollicité.

§ 6. — S'il résulte d'une vérification préjudicielle que le plan ou le périmètre qui y est indiqué sont insuffisants, la demande en attribution du périmètre peut être rejetée sans autre procédure par une décision commune de l'*Oberbergamt* et du Président du Gouvernement. Le demandeur peut se pourvoir devant les Ministres désignés au § 9.

En cas contraire la demande, ensemble le plan annexé, est portée pendant un mois à la connaissance du public dans les communes (**) sur lesquelles porte le périmètre demandé. La durée de la publication doit être indiquée suivant la coutume des lieux. On indique où seront reçues pendant ce temps les oppositions à la demande.

Peuvent présenter des oppositions chaque intéressé dans la limite de son intérêt, les Présidents des communes ainsi que les autorités de police locale.

§ 7. — Après l'expiration du délai, les oppositions sont dans

(*) Le texte porte : « *gewachsenen* », nous avons expliqué pourquoi nous traduisions par « géologique » ou « en place ».

(**) *Gemeinde = und Gutsbezirke*, communes urbaines et rurales.

un délai fixé, examinées sur place, s'il y a lieu, par des commissaires désignés par l'*Oberbergamt* et le Président du Gouvernement.

Le propriétaire de la source et les intéressés qui ont présenté des oppositions ainsi que les Présidents des communes et les autorités de police locale doivent être cités dans le délai et entendus dans leurs explications.

§ 8. — Les commissaires transmettent la procédure à l'*Oberbergamt* et au Président du Gouvernement. Ceux-ci statuent sur la demande par une décision commune.

La décision est notifiée au propriétaire de la source, aux intéressés qui ont présenté des oppositions, au président des commissions et aux autorités de police locale.

§ 9. — Les personnes et autorités désignées au paragraphe 8, 2e alinéa, peuvent se pourvoir contre la décision auprès des Ministres pour le commerce et l'industrie, pour l'agriculture, les domaines et forêts et les affaires médicales.

Le pourvoi, à peine de forclusion, doit, dans le délai d'un mois après la signification de la décision, être formé auprès de l'*Oberbergamt*, du Président de Gouvernement ou de l'un des Ministres précités. Il doit être communiqué pour réponse à la partie adverse dans le délai d'un mois.

Ce pourvoi n'a pas d'effet suspensif.

§ 10. — En cas de demande d'un périmètre de protection, l'*Oberbergamt* et le Président de Gouvernement pourront, par décision commune, avant la fixation du périmètre, ordonner préjudiciellement que les travaux de la nature indiquée au paragraphe 3 ne pourront être effectués qu'avec leur autorisation à l'intérieur du périmètre sollicité. On pourra appliquer la disposition du paragraphe 4, alinéa 2.

L'ordonnance préjudicielle de l'alinéa précédent doit être rapportée lorsque la demande en attribution du périmètre est rejetée. Elle peut être rapportée plus tôt.

On ne peut se pourvoir contre les décisions prévues aux alinéas 1 et 2 du présent paragraphe.

§ 11. — Les dispositions des paragraphes 3 à 10 s'appliquent à l'extension d'un périmètre de protection.

§ 12. — La réduction et la suppression d'un périmètre peuvent être prononcées par une décision commune de l'*Oberbergamt* et du Président de Gouvernement, sur la demande du propriétaire de la source, d'un intéressé, du Président d'une commune intéressée ou autorité de police locale ou même d'office.

Une demande qui ne s'appuie notoirement sur aucun motif peut être rejetée sans autre procédure. Le requérant peut se pourvoir contre ce rejet auprès des Ministres désignés au paragraphe 9.

Au cas contraire, avant la décision, communication de la demande est donnée pour avis au propriétaire de la source, aux présidents des communes intéressées ainsi qu'à l'autorité de police locale; des oppositions peuvent, pendant le délai d'un mois, être présentées aux autorités qui ont à statuer.

Leur décision est notifiée au propriétaire de la source, au requérant, aux présidents des communes intéressées et à l'autorité de police locale.

Peuvent se pourvoir contre la décision les personnes et autorités désignées à l'alinéa 4. Le pourvoi est suspensif si la décision entraîne réduction ou suspension du périmètre. Pour le surplus s'appliquent les dispositions du paragraphe 3.

§ 13. — La disposition que certains travaux peuvent être effectués sans autorisation (§ 4, al. 2, phrase 1) peut ultérieurement, sur demande ou d'office, être modifiée ou étendue; la disposition (§ 4, al. 2, phrase 2; § 13, al. 1) que certains travaux doivent être préalablement déclarés peut de même être restreinte ou supprimée.

Les dispositions du paragraphe 12 sont alors appliquées.

§ 14. — La disposition que certains travaux peuvent être effectués sans autorisation (§ 4, al. 2, phrase 1 ; § 13, al. 1) peut ultérieurement, sur demande du propriétaire de la source ou d'office, être restreinte ou supprimée ; la disposition que certains travaux peuvent être effectués sur déclaration (§ 4, al. 2, phrase 2) peut de même être ultérieurement modifiée ou étendue.

Les dispositions du paragraphe 6, alinéas 2 et 3, des paragraphes 7 à 9 et du paragraphe 12, alinéa 2, sont en ce cas appliquées. Dans la procédure d'office, la requête est remplacée par une décision commune de l'*Oberbergamt* et du Président de Gouvernement ordonnant l'ouverture de la procédure.

Au besoin, des dispositions de la nature de celles prévues à l'alinéa 1 peuvent être prises par voie préjudicielle par décision commune de l'*Oberbergamt* et du Président de Gouvernement. Aucun recours ne peut être formé contre ces décisions.

§ 15. — Les frais de la procédure incombent au propriétaire de la source dans les cas prévus aux paragraphes 3 à 11.

Il en est de même dans les cas prévus aux paragraphes 12 à 14 lorsque intervient une injonction de la nature qui y est pré-

vue. Si la demande est rejetée, les frais incombent au requérant.

Les frais d'un recours qui n'aboutit pas incombent au requérant.

§ 16. — Les décisions prévues aux paragraphes 4 et 8 à 14, par suite desquelles la propriété est restreinte ou débarrassée de restrictions, doivent être rendues publiques dans les formes que fixeront les règlements d'exécution à rendre par les Ministres compétents.

§ 17. — Le propriétaire de la source, le requérant, le propriétaire du sol ainsi que les présidents des communes intéressées et l'autorité de police locale, peuvent se pourvoir contre la décision de l'*Oberbergamt* et du Président de Gouvernement relative à l'autorisation pour l'exécution d'un travail en vertu du paragraphe 3 ou du paragraphe 10; le pourvoi est suspensif. Pour le surplus, on applique le paragraphe 3.

Les frais de la procédure incombent au requérant en cas de refus d'autorisation; au cas contraire, au propriétaire de la source. On applique le paragraphe 15, alinéa 3.

§ 18. — Si la source est menacée par un travail autorisé ou par un travail qui était dispensé d'autorisation, sur demande du propriétaire de la source, une décision commune de l'*Oberbergamt* et du Président de Gouvernement peut interdire de commencer ou de continuer le travail ou prescrire de ne l'exécuter que sous des conditions déterminées. Si le travail est déjà commencé ou terminé, on peut également ordonner d'écarter l'effet dommageable et, à défaut d'exécution par le propriétaire du sol, il peut y être procédé aux frais du propriétaire de la source. La demande du propriétaire de la source doit être écartée lorsque, sur l'invitation des autorités et d'après leur appréciation, celui-ci ne donne pas une garantie suffisante au propriétaire du sol pour le montant des indemnités qui lui reviendront ou n'avance pas la somme nécessaire pour faire disparaître le dommage dont la source est menacée.

En cas de danger qui pourrait résulter d'un retard, l'*Oberbergamt* ou le Président du Gouvernement peut rendre seul une décision préjudicielle. Elle est annulée de plein droit si dans le mois n'est pas rendue une décision commune des deux autorités.

Dans les cas de l'alinéa 1, on applique pour le recours et les frais de la procédure les dispositions du paragraphe 17. Le recours n'est pas suspensif. On ne peut se pourvoir contre la décision prévue à l'alinéa 2.

Les dispositions précédentes s'appliquent aux travaux de la

nature prévue au paragraphe 3 qui, lors de la demande d'attribution d'un périmètre, sont déjà commencés, mais non encore terminés. Une décision commune ou isolée prise en vertu de l'alinéa 1 doit être rapportée lorsque la demande de fixation de périmètre est repoussée. On ne peut se pourvoir contre cette décision.

INDEMNITÉ.

§ 19. — Si l'autorisation nécessaire pour exécuter un travail, d'après le paragraphe 3 ou le paragraphe 10, est refusée ou si elle n'est accordée que sous certaines conditions, le propriétaire du sol a droit, à la charge du propriétaire de la source, à une indemnité équivalente à la moins-value résultant pour la parcelle de cette interdiction ou de cette sujétion sans qu'il y ait lieu de tenir compte du gain qui a pu être perdu.

Il n'y a pas lieu à indemnité :

1° Lorsqu'il résulte des circonstances que le seul but que l'on se proposait par le travail était d'obtenir une indemnité ;

2° Lorsqu'on refuse d'autoriser un sondage, une fouille ou tout autre travail souterrain parce qu'il devait être entrepris pour découvrir une source analogue à la source à protéger et que ce travail serait de nature à menacer cette dernière ;

3° Lorsque l'autorisation est refusée pour un travail qui se serait trouvé interdit par des dispositions de police en vigueur antérieurement à la publication de la présente loi.

En cas de disparition d'une restriction à une propriété pour laquelle une indemnité a été fixée en conformité de l'alinéa 1, le propriétaire de la source peut réclamer la restitution de l'indemnité dans la proportion appropriée pour que le propriétaire du sol reçoive toujours l'indemnité qui lui est due pour la restriction effectivement supportée.

La restitution peut être demandée tant qu'une indemnité est encore payée d'après les bases qui viennent d'être indiquées.

§ 20. — L'indemnité est payée en rente. La rente à payer annuellement est de 5 p. 100 de la diminution de valeur prévue au paragraphe 10, alinéa 1, dont 1 p. 100, avec l'amortissement des intérêts, est pour l'amortissement du capital.

La rente doit être payée pendant quarante et un ans treize jours à partir de la notification de la décision qui a définitivement refusé l'autorisation ou l'a soumise à certaines sujétions. La décision est à notifier, en dehors des intéressés, à ceux qui, d'après le livre foncier, ont des droits réels sur le fonds.

La rente s'éteint avec la disparition de la restriction pour laquelle elle était due pour autant que sa continuation n'est pas nécessaire pour le dédommagement dû au propriétaire du sol, à raison du préjudice subi antérieurement ou pour les dépenses de la nature visée au paragraphe 23.

§ 21. — La rente est à payer par avance au propriétaire du fonds par le propriétaire de la source. On doit payer, au début de la 41e année, tout le solde restant dû.

Le droit à la rente prime tous les autres droits sur le fonds d'où émerge la source. Il n'est pas inscrit sur le livre foncier, et il persiste en cas d'expropriation forcée, et même, à défaut de toute enchère; tous les créanciers de rente ont le même rang.

Au surplus, on applique les prescriptions relatives aux charges réelles existant au profit du propriétaire d'un fonds.

§ 22. — Le propriétaire de la source a le droit, à toute époque, de payer en capital la rente qui reste à courir. Le tableau annexé à la présente loi donne les sommes à payer à cet effet par année (*).

Le propriétaire du sol peut demander le rachat de la rente lorsque la diminution de valeur est du tiers au moins de la valeur actuelle ou est inférieure à 300 marks.

§ 23. — Si le propriétaire du sol, par suite du refus de faire ou des conditions où il lui faut faire le travail, doit supporter des dépenses qui paraissent justifiées d'après les circonstances, il peut en demander le remboursement en capital dans les limites de l'indemnité qui lui revient d'après le paragraphe 19. Il doit toutefois supporter le décompte des versements déjà faits comme remboursement du capital ou, si la diminution de valeur est plus grande que la somme à verser en capital, le décompte d'une part proportionnée.

Le droit au remboursement se prescrit en trois ans. Il est prescrit si le nécessaire n'a pas été fait judiciairement dans les dix ans comptés depuis le début fixé pour le paiement de la rente.

Le paiement en capital éteint la rente ou la partie correspondante de la rente si le capital est moindre que celui correspondant à la totalité de la rente.

§ 24. — Le propriétaire du sol perd le droit à la rente si, dans les six mois de la notification de la décision prévue au para-

---

(*) Il nous a paru inutile de reproduire ce tableau, qui n'est que la reproduction d'un tableau habituel d'amortissement.

graphe 20, alinéa 2, il n'a pas fait de déclaration au *Landrat* ou, si le fonds est dans une ville, au Président de la commune (*). La décision doit rappeler cette disposition.

Sur la déclaration régulière à lui faite, le *Landrat* ou le Président ou un membre de la présidence de la commune, si la présidence est collective, doit provoquer une entente entre les intéressés et passer acte de l'entente intervenue. Pour cet acte, on applique les dispositions de l'article 12, paragraphe 4, de la loi d'exécution du Code civil du 20 septembre 1899.

A défaut d'entente, communication en est faite aux intéressés. Le droit à la rente s'éteint si le nécessaire n'est pas fait judiciairement dans les deux ans de cette communication. Celle-ci doit le rappeler explicitement.

Il est donné connaissance des résultats de l'entente à tous les créanciers réels inscrits dans le livre foncier.

§ 25. — Dans les cas du paragraphe 22 et paragraphe 23, alinéa 2, lorsqu'il y a paiement en capital et que le fonds est grevé de droits de tiers, on applique les dispositions de l'article 32 et de l'article 33, alinéa 1, de la loi d'exécution du Code civil.

Si le fonds est un bien féodal, en fidéicommis, en indivision de famille ou en gage, le propriétaire ne peut réclamer le paiement en capital qu'en conformité des dispositions en vigueur dans la région, en cas de situation pareille pour un bien, et de paiement en capital le concernant.

§ 26. — Dans les cas du paragraphe 18, le propriétaire du sol doit être indemnisé conformément aux dispositions des paragraphes 19 à 25. Pour tout autre dommage qui résulte pour lui de la décision, il peut, sans qu'il puisse y avoir indemnité pour gain perdu, réclamer l'indemnité qui, d'après les circonstances, paraîtra en équité correspondre au dommage subi Ce droit à indemnité se prescrit en trois ans.

§ 27. — Si un fonds se trouve dans plusieurs périmètres ou dans un périmètre commun à plusieurs sources, les propriétaires des sources intéressées sont solidairement responsables au regard du propriétaire du fonds.

Pour leurs rapports entre eux, les propriétaires de sources sont obligés par part virile. Toutefois la responsabilité individuelle peut être fixée pour chacun dans la proportion que détermine la décision relative à l'indemnité.

(*) L'organisation administrative prussienne distingue les villes (*Städte*) des communes rurales.

PROTECTION CONTRE DES CHANGEMENTS DE LA SOURCE.

§ 28. — Les travaux qui ont pour objet de changer ou de modifier une source déclarée d'intérêt public ne peuvent être effectués qu'avec l'autorisation de l'*Oberbergamt* et du Président du Gouvernement.

Une décision de ces autorités peut fixer les travaux pour lesquels une autorisation n'est pas nécessaire ou pour lesquels une déclaration suffira.

S'il est à craindre que les travaux menacent une autre source, le propriétaire de celle-ci doit être entendu avant la décision.

On peut se pourvoir contre la décision de l'*Oberbergamt* et du Président du Gouvernement; on appliquera les dispositions des paragraphes 3 et 15.

EXPROPRIATION.

§ 29. — Si une source déclarée d'intérêt public est utilisée d'une manière dangereuse pour son état ou sa minéralisation, ou si son mode de conservation et d'utilisation ne répond pas aux besoins de la santé publique, l'*Oberbergamt* et le Président du Gouvernement fixent au propriétaire de la source un délai pour faire disparaître ces défectuosités. Si le délai est expiré sans que le nécessaire ait été effectué, les fonds appartenant aux propriétaires de la source, avec leurs dépendances nécessaires pour l'utilisation appropriées de ladite source, sont expropriés au profit de l'entrepreneur qui offrira les garanties nécessaires pour l'utilisation régulière de la source. Cette sanction éventuelle est rappelée dans la mise en demeure. Pour l'expropriation ou pour la cession du droit d'expropriation, on applique les dispositions de la loi sur l'expropriation de la propriété du 11 juin 1874.

Les dispositions de l'alinéa 1 s'appliquent lorsque l'*Oberbergamt* et le Président du Gouvernement estiment nécessaire la fixation ou l'extension d'un périmètre de protection ou une décision telle que celles prévues au paragraphe 18, et que le propriétaire de la source ne présente pas la demande à ce nécessaire dans le délai qui lui est imposé.

Le propriétaire de la source peut se pourvoir contre les décisions de l'*Oberbergamt* et du Président du Gouvernement; le pourvoi est suspensif. Au surplus on applique les dispositions du paragraphe 9, alinéa 2, phrase 1, et du paragraphe 15, alinéa 1.

DROITS D'USAGE SUR LES SOURCES.

§ 30. — Si l'usage d'une source n'appartient pas au propriétaire du fonds, mais à un tiers, en vertu d'un droit qui ne soit pas limité en temps, on applique les dispositions des paragraphes 4 à 29, sous cette réserve que le propriétaire de la source doit être remplacé par le bénéficiaire du droit d'usage. Dans le cas de l'article 29, si le droit d'usage n'est pas lié avec la propriété, le droit d'usage est seul exproprié.

Le droit d'une personne morale n'est pas limité en temps, même s'il doit expirer avec elle.

DISPOSITIONS PÉNALES.

§ 31. — Quiconque exécute un travail sans avoir l'autorisation exigée par le paragraphe 3, paragraphe 10 ou paragraphe 28, ou sans avoir fait la déclaration prescrite par les paragraphes 4, paragraphes 10 ou 28, ou contrevient à la décision prise au paragraphe 18, est puni d'une amende de 1.000 marks au plus et d'un emprisonnement de six mois au plus, et si la contravention est commise par négligence, d'une amende de 150 marks ou de détention.

DISPOSITIONS FINALES.

§ 32. — La présente loi ne s'applique pas aux travaux qui peuvent être interdits par application de la loi sur les mines du 24 juin 1865.

§ 33. — Les dispositions des paragraphes 2 et 3 seront applicables dès la promulgation de la présente loi ; les autres dispositions à partir du 1er janvier 1909.

Tours. — Imprimerie Deslis Frères.

www.ingramcontent.com/pod-product-compliance
Lightning Source LLC
LaVergne TN
LVHW010016230826
846092LV00002B/844

* 9 7 8 2 0 1 9 2 3 6 4 2 7 *